MEDITAÇÃO
sua prática e resultados

CLARA M. CODD

MEDITAÇÃO
sua prática e resultados

2ª Edição

Tradução
Vera Oliveira

Editora Teosófica
Brasília-DF

Título do original em inglês:
Meditation, Its Practice and Results
Edição em inglês, 1974
The Theosophical Publishing House
Adyar, Chennai (Madras) 600020 - Índia

Edição em português:
1ª Edição: 1992
2ª Edição: 2006

EDITORA TEOSÓFICA
SGAS Quadra 603, Conj. E, s/nº
70.200-630 - Brasília-DF - Brasil
Tel.: (61) 3322-7843
Fax: (61) 3226-3703
E-mail: editorateosofica@editorateosofica.com.br
Site: www.editorateosofica.com.br

Meditation, Its Practice and Results

C 669 Clara M. Codd

Brasília, 2006
ISBN 85-85961-48-1

CDD 131

Capa: Fernando Lopes
Diagramação: João Batista Martins da Silva
Revisão: Cristina Almeida Schumacher
Impressâo: Gráfika - Papel e Cores - (61) 3344-3101

SUMÁRIO

CAPÍTULO I

A MEDITAÇÃO E SUA META

O Que é a Meditação

A meditação é uma prática antiga e imemorial, realizada por todos aqueles que sempre se esforçaram por compreender as próprias possibilidades interiores e resolver o enigma do Universo. Esta pergunta atemporal é respondida somente no interior do homem, e sua solução se encontra nas profundezas do pequeno universo que é o ser humano. A meditação é encarada basicamente como um processo mental dirigido a um fim espiritual, e isto é verdade até certo ponto. Mas ela significa muito mais, visto que o conjunto dos poderes despertos do homem é, em essência, concebido e orientado para o objetivo supremo. Ela pode ser entendida, em primeiro lugar, como pensamento sistemático e constante, e, assim, é usada por todos aqueles cujas ações são efetivas e plenas de propósito em nosso mundo cotidiano. Em outras palavras, antes de podermos produzir qualquer resultado desejado, pensamos sobre ele e o planejamos – esta "meditação" preliminar pode durar um minuto ou várias horas e irá, consciente ou inconscientemente, dar forma à ação tomada. Se o pensamento intencional e constante é necessário à realização e à compreensão de metas materiais, como não o será infinitamente mais necessário às elevadas aventuras do espírito! Na verdade, todos nós praticamos a meditação em alguma medida, sobretudo quando há o envolvimento de nossas emoções, quando "agimos de coração". A mente, como construtora de formas, esboça o plano de ação: a emoção acompanha-a, suprindo a vida e o vigor necessários. Algumas pessoas possuem mentes capazes e pouco desejo de realização; outras, possuem desejos muito ambiciosos, mas lhes faltam clareza mental e força. O sucesso vem para o homem que pode desenvolver e harmonizar ambos.

Ver-se-á que a meditação é uma tentativa de desenvolver e utilizar estes poderes e de direcioná-los à realização de objetivos espirituais. Em um primeiro momento, o processo não difere daquele que os homens costumam aplicar na vida diária, embora a força e a purificação obtidas pela orientação do coração e da mente do homem no sentido de elevados planos espirituais acabem por tornar ativos poderes perceptivos supernaturais. A meditação *não* é, como algumas vezes se supõe, uma arte difícil e antinatural. Ela é a gloriosa expansão e sublimação dos poderes normais do coração e da mente, e pode ser, em alguma medida, praticada por toda alma viva. Talvez a idéia predominante de que é um processo extraordinariamente abstruso origine-se na má compreensão dos livros e ensinamentos referentes a antigos métodos de *Yoga* no Oriente.

Como um todo, os métodos do Oriente tendem ao ocultismo, ou seja, à auto-realização através de detalhado e paciente desenvolvimento dos invólucros da consciência em todos os planos da matéria. Esta é a perspectiva científica, e o conhecimento oriental sobre a constituição do homem e sobre sua psicologia mais profunda ultrapassa de longe qualquer conhecimento até agora obtido no Ocidente. Mas sua prática plena requer horas de disponibilidade e paz e, ainda, a posse de um mecanismo corporal finamente ajustado, fruto da hereditariedade de ancestrais que, por milhares de anos, se abstiveram de carne e de álcool e praticaram uma diligente meditação. Essas condições e ancestralidade não são encontradas no Ocidente, por isso o risco de um esgotamento nervoso quando são empregados os mais rígidos métodos orientais. Por essa razão, talvez, o método no Ocidente tenha sempre se inclinado em direção ao misticismo, o desenvolvimento da vida sem muita consideração para com a forma. Sua perspectiva é artística. Isto poderá ser melhor compreendido se tentarmos imaginar algo referente à nossa própria constituição, a fim de que possamos perceber o objetivo da meditação, os poderes empregados e os seus resultados, quando perseguidos com fidelidade e paciência.

O Homem Triplo

Em nossa vida diária sabemos muito pouco sobre nós mesmos e, em conseqüência, julgamos outras pessoas e nós próprios muito superficialmente. Um dos primeiros requisitos da *Yoga* é obter uma crescente compreensão da realidade e do poder da vida interior, sendo isto facilitado pela introspecção, em pensamento, de uma identificação demasiado próxima com os veículos da consciência. Estamos convencidos de que somos este corpo. Devemos aprender a perceber que não o somos, que ele é apenas um mecanismo vivo, maravilhoso e delicado, o qual evoluiu através de muitas eras para nosso uso e nossa experiência, não sendo, contudo, nós mesmos. Assim, começaremos a viver mais conscientemente enquanto alma, compreendendo que a "vida interna" é o mundo dos motivos, ideais, sentimentos e aspirações, de fato muito mais potente para o autodesenvolvimento e para a influência sobre os outros do que qualquer ação no mundo físico. A Sabedoria Antiga nos ensina que a vida e a consciência do homem trabalham através de vários níveis de matéria, sutil ou grosseira, cada um dos quais constituindo um mundo ou esfera a interpenetrar os demais, fornecendo a cada homem um veículo ou "corpo" para expressão e experiência em cada plano. Estes planos de consciência e matéria são subjetivos para a consciência física, para a qual somente o mundo físico é objetivo, mas são perceptíveis para a visão clarividente e para todos após a morte. Nestes mundos, e no interior dos corpos sutis que a eles pertencem, o pensamento e o sentimento representam imensos poderes criativos. Este é o fundamento oculto que se encontra por detrás do seu desenvolvimento sistemático pela meditação.

A natureza do homem pode ser classificada de muitas maneiras, diferindo de acordo com o ponto de vista. Talvez, para o nosso propósito, a mais simples seja a classificação de São Paulo: corpo, alma e espírito.

Corpo

Foi Ruskin quem nos ensinou que o estudo da derivação das palavras proporciona um melhor esclarecimento. A palavra "corpo"* é derivada do anglo-saxão "*boding*" e significa "habitação, ou "morada", da alma. Arnold Bennet chama-o de "a máquina humana", apesar de ter uma vaga consciência elemental própria, distinta da consciência superior que o domina quando estamos despertos. Seria verdadeiro descrevê-lo, nas palavras do Mestre K.H., como "o cavalo em que montamos". É muito útil, durante a vida, às vezes, lembrarmo-nos de que não somos este corpo – de que ele é algo maravilhoso e que dele nos utilizamos temporariamente, mas que ele não é nós mesmos. Há

* Em inglês, *body*. (N.T.)

duas pequenas práticas meditativas que nos ajudam a libertar nossos corpos.

1. Estamos muito acostumados ao pensamento de que nossos corpos estão separados de tudo; contudo, isto não é assim. Invisíveis, desde sua superfície, átomos e moléculas irradiam-se todo o tempo, sendo substituídos por outros da atmosfera circundante. Imagine este estado de fruição e a ausência de uma linha de demarcação entre nossos corpos e suas adjacências.

2. Pensar em nós mesmos em termos deste corpo tem um grande efeito sobre a matéria sutil do nosso eu psíquico, atraindo a maior parte daquele corpo mais fluido para a periferia da forma física, ocasionando assim uma certa congestão. Imagine você mesmo como uma "aura" ao invés de um corpo físico. Andando em uma estrada no campo, coloque-se em frente ao seu corpo em movimento.

Alma

A palavra grega, que em nossas escrituras é traduzida por "alma", fornece-nos os termos "psíquico" e "psicologia". A pesquisa psíquica é uma tentativa de explorar o domínio da alma do ponto de vista da matéria ou da forma. A psicologia penetra no mundo da sua vida ou consciência. Para fins práticos, podemos pensar sobre ela como aquele eu brilhante e sutil, uma réplica glorificada do corpo físico, cujos vívidos poderes são o sentimento e o pensamento, ambos sobrevivendo à morte.

Espírito

A alma e o espírito são com freqüência confundidos. Em grego, porém, são palavras bem diferentes. Espírito significa vida, alento. Deus inspirou no homem o sopro da vida, e ele se tornou uma alma viva. Este terceiro fator é o imortal e o imperecível em cada um de nós. Nossos corpos morrem continuamente. O mesmo ocorre depois de um tempo mais longo com nossos eus-alma. Mas, ao final de cada ciclo de encarnação, suas experiências são sublimadas e assimiladas no interior do homem imortal. Ele é o "Cristo em vós, a esperança de glória", o "pedacinho de Deus no meio de cada um de nós", como Lord Tennyson o descreve em uma carta. Ele é incapaz de maldade e é sempre puro, o anjo em um homem que nunca deixou o seio do Pai. O maior pecador, o mais ignorante entre os selvagens, possui esta possibilidade divina em seu interior. Lá, somos feitos à imagem e semelhança de Deus; lá, somos sempre Seus Filhos. No interior mais profundo reside sempre "o homem oculto no coração, onde nada é corruptível". A última essência original em nós não é o pecado, mas a Divindade.

A Meta da Meditação

Aqui encontramos a verdadeira meta da meditação. Ela é a Auto-realização. Nas palavras de Santo Ambrósio, existimos para "tornarmo-nos naquilo que somos", para descobrirmos aquele Eu Divino, oculto e profundo, que vive nas profundezas de cada um de nós, sintonizando Nele a mente e o coração, e, finalmente, tornando-nos unos com Ele. Conhecê-Lo é o reino dos céus dentro de nós, "que é como um tesouro escondido em um campo; um homem encontra-o e torna a escondê-lo e, na sua alegria, vende tudo o que possui e compra aquele campo". Mas o campo onde o tesouro celeste está enterrado somos nós mesmos, e o preço que devemos pagar para possuí-lo é uma total devoção e dedicação, "tudo o que possuímos".

Quando Ele é encontrado e compreendido, outra descoberta ainda maior nos espera. Ao nos tornarmos unos com o nosso "eu" mais profundo, misteriosamente também nos tornamos unos com o "eu" mais profundo de tudo o que vive, porque a vida é una em toda parte, e a vida é Deus.

A Visualização da Meta

Podemos perceber a meta apenas vagamente, pois ainda não a alcançamos. Estamos na posição de uma criança que ainda não nasceu, uma flor que ainda não desabrochou. Como podem conhecer a glória, a imensidão radiante do mundo no qual estão prestes a ingressar? A flor sente o calor do Sol, e este calor faz com que ela abra seu coração e desabroche. Então, como que "através de um vidro escuro", também vislumbramos a beleza do Sol de nossas almas, e o despontar do amor e da adoração hesitante produzem o florescimento interior. Inicialmente, vemos Deus que é Vida, Amor, Beleza, através da janela de um ideal. À medida que olhamos, tentando viver em sua luz, diminui a distância entre nós e aquela estrela longínqua, e a janela, através da qual olhamos, torna-se mais ampla e mais bela. "Busca o caminho prosternando a tua alma ante a pequena estrela que arde no interior. Enquanto vigias e adoras com perseverança, sua luz torna-se-á cada vez mais brilhante. Então, poderás reconhecer que encontraste o começo do caminho. E quando chegares ao fim, a sua luz se converterá subitamente em luz infinita".

Os Três que são Um

Podemos ver nossa meta sob um ou sob todos os três aspectos. Talvez um apareça mais para nós do que outro, mas todos são um. Podemos chamá-los de o Pai, o Filho e o Espírito Santo.

O centro da Divindade dentro de nós é o Espírito Santo, para sempre individualizado por uma longa permanência na matriz de nossa natureza humana, pois nossa alma e corpo são sempre o Templo do Espírito Santo. Quando pensamos Nele, nós o visualizamos como um Homem Perfeito, o ideal de nós mesmos, aquilo em que desejamos nos tornar, o Eu Superior.

Então, algumas vezes pensamos em Alguém que já alcançou a meta da Auto-realização e que, tendo se tornado "uno com Deus", é um Mediador, um Salvador, revelando aos homens a humanidade de Deus e também ensinando-lhes a Divindade do homem. Na medida em que nos fixamos em contemplação sobre Ele, Sua beleza suprema estimula o crescimento da mesma amorosidade em nós. Ele é o aspecto do Filho.

Por último, tentamos imaginar a vastidão, a universalidade de Deus, aquela Vida Imortal na qual tudo vive, move-se e existe. Esta constitui aquele poder e glória nos quais estão incluídos desde os átomos até os Deuses, aquilo que Jan Ruysbroek chamou de "a base do nosso ser", o Pai que é Deus. Este último é mais difícil de visualizar que os outros dois, pois a mente do homem contempla com dificuldade o imensurável. Ele pode vislumbrá-lo melhor através de uma forma que lhe é próxima e querida. Por isso o Filho, o Manifesto, é mais facilmente visto que o Pai, o Imanifesto.

Ainda assim estes três são Um. O Eu Superior em nós é uno com o Mestre, assim como Ele é uno com Deus. "Nenhum destes é posterior ou anterior ao outro", e, de acordo com nosso temperamento, contemplamos um ou outro mais prontamente.

A Ascensão do Monte Carmelo

Esta, portanto, é a meta da meditação, a ascensão em direção ao cume de nosso próprio ser, aquela altura serena e pura, acima das nuvens da ilusão humana onde Deus, o Belo, reina. Ou, para usar uma outra analogia, é "mergulhar nas misteriosas e gloriosas profundezas de seu próprio ser mais íntimo", onde a profundidade clama pela Profundidade imortal exterior, e procura sempre aquele oceano que é ao mesmo tempo a Fonte e a Meta de seu ser. "Deus em nossas profundezas recebe Deus que vem a nós; é Deus contemplando Deus; Deus em Quem reside a cura e a paz".

A analogia da montanha é seguidamente usada por escritores místicos. "Quem subirá ao monte do Senhor? Aquele que tem mãos limpas e coração puro". Quando nosso Senhor "subiu a montanha solitária para orar", talvez não fosse essa uma montanha física, mas as alturas de Sua própria consciência interior. A fixação da mente em tópicos elevados e sublimes produz uma sucessiva elevação e purificação da consciência. Isto é respondido pela vibração mais rápida dos veículos da consciência, causando um refinamento gradual na matéria que os forma. Portanto, o homem que medita torna-se refinado, puro e grande. Sua alma cresce e alça vôo em direção à Estrela de seu ser. No próximo capítulo vamos considerar as asas com as quais ele voa.

CAPÍTULO II

AS ASAS DA ALMA

Sabemos que temos uma natureza dual. Algo em nós sempre aponta para cima, como uma chama, e algo sempre aponta para baixo, como uma gota d'água. Uma é nossa natureza Divina, a outra, nossa natureza humana. Contudo, da junção dos dois aspectos aparentemente incompatíveis, o futuro Cristo, o Perfeito em nós, irá um dia nascer. Como Robert Browning descreveu em "Uma Morte no Deserto":

> "Diversas pessoas testemunham em cada homem,
> Três almas que compõem uma; Primeiro, a saber,
> A alma de cada uma e de todas as partes do corpo,
> Lá estabelecida, trabalha, sendo O Que Faz,
> E tem o uso da terra e traz o homem para baixo;
> Mas, voltando-se para cima em busca de instrução,
> Transforma-se e então transformada
> Pela próxima alma, que, sediada no cérebro,

Utiliza a primeira com seu uso acumulado,
E sente, pensa, quer sendo O Que Sabe;
E, por sua vez, voltando-se para cima,
Transforma-se e é então transformada
Pela última alma, que usa as duas primeiras
E subsiste, quer elas existam ou não,
Constituindo o eu do homem, sendo O Que É –
Inclina-se sobre a anterior, a faz brincar,
Tal como aquela brincou com a primeira; e,
Voltando-se para cima,
Detém-se, é sustentada por Deus; finaliza o homem
Em ascensão, naquele terrível ponto de contato,
Tampouco necessita de um lugar,
Pois retorna para Ele,
O Que Faz, O Que Sabe, O Que É;
Três almas, Um homem".

O corpo conduz o homem na direção descendente, a Terra, e o Espírito eleva o homem sempre no sentido do Céu. No meio do caminho entre ambos está o princípio fluídico, a alma. Ela tem dois grandes poderes que, por fim, se transformam nas asas com as quais voa: o pensamento e o sentimento. Essas asas costumam estar amarradas aos interesses da Terra; nossos pensamentos e sentimentos centralizam-se e revolvem em torno de objetos e eventos da vida terrena. A meditação é um método de colocar esss asas em liberdade, fortalecendo-as, até que um dia possam ensaiar o imortal "vôo do solitário ao Solitário", tornem-se para sempre unas com o Eu Espiritual.

Quando isto é consumado em qualquer grau, a personalidade como um todo cresce em dignidade e poder, pois é a Natureza Espiritual em nós que constitui a fonte de todo o amor, alegria e paz, bem como de toda verdadeira compreensão e poder. E Ela está lá o tempo todo, se apenas nos dermos ao trabalho de descobri-La, de desenvolver Seus meios de expressão, trazendo-A à ação. Proporciona-nos um grande senso de equilíbrio e descanso compreender que Ela está presente, que é nosso Eu mais profundo. Não devemos alçar-nos em busca daquilo que não somos. Temos de nos tornar aquilo que somos.

> "A verdade está dentro de nós mesmos.
> Ela não surge de circunstâncias externas,
> Seja o que for em que você acredite.
> Há um centro íntimo em nós
> Onde a verdade habita em plenitude;
> E conhecer consiste mais
> Em descobrir uma saída
> Por onde a glória aprisionada
> Possa escapar
> Do que permitir a entrada para uma luz
> Que se supõe exterior"
>
> ***R. Browning***

Consideremos cada asa separadamente, junto com seus devidos poderes.

A Mente: Memória

A mente possui três poderes principais: a memória, a compreensão e a imaginação. É sempre uma ajuda para a compreensão e o controle de qualquer princípio do nosso ser colocar-nos, em pensamento, separados dele; assim, imaginemos a mente como uma luz interior que nos mostra o caminho, como uma lanterna que carregamos pela estrada escura da vida. E, de fato, ela é a única luz que temos para apontar o caminho. Ela pode ser ampla e resplandescente em alguns, pequena e bruxuleante em outros, mas é sempre suficiente para mostrar-nos o próximo passo. Quando lançamos esta luz da mente para trás de nós, sobre a senda pela qual ascendemos, estamos olhando para a região da memória. A luz ilumina somente um pequeno arco da grande estrada atrás de nós, que se estende bem para trás, através de muitas vidas e constitui a totalidade do nosso eu subconsciente. Quando fazemos isso, é aconselhável deixar a memória descansar naquilo que nos é querido e amável, não pesarosamente, desejando que ainda estivesse conosco, mas com gratidão, compreendendo que a sua amorosidade essencial é parte de nós mesmos para sempre. É comum nos apegarmos a uma alegria ou a uma dor passadas, e, enquanto nos apegarmos a elas, não as teremos tornado espiritualmente nossas, nem aprendido suas lições. Este é sobretudo o caso com os fracassos passados. Se ao menos fôssemos bravos o suficiente para aprender suas lições e os deixássemos ir ! "Que os mortos enterrem seus mortos; sigam-Me", o Cristo interior, o Ideal. Tampouco devemos demorar-nos na lembrança de injúrias e desfeitas passadas. A "Reta memória" do que é nobre é uma das qualidades do Nobre Óctuplo Caminho do Buda. A memória deve ser usada ao final da meditação para fixar na mente sua mais profunda impressão, sua mais clara compreensão, sua mais importante resolução. Ela deve também ser usada no início, para relembrar o objeto da meditação antes de começarmos. Caso contrário, como um viajante que se prepara para subir uma montanha e esquece-se da meta, podemos vir a vaguear por desvios.

A Mente: Imaginação

Quando a luz da mente é lançada à nossa frente, para o futuro e não para o passado, estamos contemplando o mundo dos ideais. Esse mundo parece irreal para alguns e, contudo, seu poder na formação do caráter e do destino é ilimitável. Ali enxergamos com a luz da imaginação. "É apenas imaginação", dizem alguns, não compreendendo que ali um homem vê vagamente a si mesmo no futuro. Conforme sua natureza inerente, seu *dharma* inato, assim um homem moldará as imagens que são os seus ideais, e em cada homem elas serão diferentes, únicas. As formas, as concepções que ele cria e vê não são os objetos em si, mas as janelas através das quais ele contempla o Infinito, e através das quais o Infinito, por sua vez, olha de volta para ele. Essas janelas alteram-se, tornam-se mais amplas e mais belas, lançando mais e mais luz celestial sobre a alma. E, à medida que contempla, o eu interior sensível de um homem assume cada vez mais a semelhança do objeto contemplado. Este é o fundamento lógico da prática da contemplação. Um homem cresce por amor e pensamento à semelhança daquilo que ele adora e contempla.

> "Eu contemplei,
> E de visão em visão em toda a sua ordem cintilou
> A momentânea semelhança com o Rei".

A Mente: Compreensão

A luz da mente, mantida brilhando com firmeza sobre o ponto onde estamos no momento, é concentração. Seu fruto é a compreensão. Pode ser uma idéia difícil, um plano a ser perseguido, uma pessoa cujas ações são estranhas; apenas aguarde e tenha paciência a fim de que a luz de nossas mentes brilhe firmemente sobre os fatos; em seguida, um raio de iluminação e inspiração surgirá. A compreensão irá nascer. Um dos resultados da meditação é o aumento da compreensão. Isto significa o engrandecimento do caráter e o aumento do poder. É este, sempre, o produto do pensamento profundo. Na verdade, devemos descrever um aspecto da meditação como "ponderação". Como foi sábia a Mãe de Nosso Senhor! Quando ouviu relatos maravilhosos, os quais a princípio talvez não compreendesse, não os discutiu nem os repudiou. Ela "reteve tudo e ponderou em seu coração". Fazemos bem em ponderar sobre os pensamentos que nos chegam de grandes livros, sobre ideais que tocam e movem os nossos corações, sobre o caráter e os feitos amáveis de outros, e, acima de tudo, sobre a Vida, o grande Livro das experiências da Vida, para que possamos aprender a compreender e, assim, crescer.

Estes são os três poderes que a mente põe em movimento. Dirigido a Deus, o místico cristão chamaria o seu uso de Oração Mental. Como ela geralmente vem à ação antes da outra asa, a oração do coração, o seu uso é muito característico da primeira parte da jornada, o Caminho Expiativo.

O Coração: Fé

O coração, assim como a mente, move-se em três direções. Nunca é demais enfatizar a necessidade do desenvolvimento de uma emoção forte, vital e pura. O coração é quase mais importante do que a mente. Na verdade, um dos principais usos da mente é o de criar os pensamentos e imagens que invocarão a mais pura e grandiosa emoção. Grandes sentimentos são purificadores, unificadores. Somente pelo amor, se puro e forte o suficiente, poderá um homem escalar as alturas do céu e encontrar o Deus de sua alma. Portanto, encorage o amor e todas as suas variantes tais como admiração, apreço, solidariedade. O amor é o sangue de nossas almas. Sem ele um homem já está morto. Como Wordsworth verdadeiramente disse:

> "Vivemos através da admiração,
> Da esperança e do amor:
> E exatamente quando estes estão bem
> E sabiamente fixados,
> Na dignidade do ser nós ascendemos".

O amor que olha para o alto, em completa confiança e devoção para com o que está acima de nós, é fé; em sua intuição divina, "a evidência daquilo que não é visto". Se não se tem confiança, apesar de qualquer aparência externa, não ocorrerá o amor. A grandeza e a beleza não podem nos ajudar se mantivermos fechada a porta de nossos corações. "Sem que haja perfeita confiança, não poderá haver a perfeita efusão de amor e poder".

O Coração: Caridade

O amor que considera toda a vida circundante, lutando para compreender, servir, apreciar, o que significa que está buscando a união com a Vida em outro, é Caridade. Ela cobre sempre um sem-número de pecados, que são, do ponto de vista da Eternidade, sem importância. Não podemos buscar a união com a Vida em Deus a menos que também busquemos a união com a

Vida em nossos semelhantes, e por isso é mentiroso aquele que diz "amo a Deus" e odeia seu irmão.

O Coração: Esperança

Há algo mais que devemos aprender a amar corretamente: nós mesmos. Amar-nos corretamente é acreditar em nosso poder inerente de sobrepujar, afinal, todo mal, toda derrota. Na verdade, como a Dra. Annie Besant disse uma vez, "não há fracasso exceto no cessar a luta". O catolicismo romano descreve o desespero como um dos sete pecados mortais que matam a alma. Sua virtude oposta é a esperança, a intuição do Eu Imortal interior que sabe "que os homens podem ascender sobre os degraus de seus "eus" mortos e alcançar as coisas superiores". Duvidar, desesperar-se, é negar aquela Divindade interior. Por isso, "Deus te perdoará tudo, menos o teu desespero".

Estes são os três fogos do coração, acesos e ativados pelo correto uso da mente. Dirigidos a Deus, tornam-se a oração do coração, a oração afetiva, e, porque seu uso crescente e mais forte produz menos discursividade mental e uma forte afirmação de toda a natureza em uma direção interior, ela é, em grande medida, a oração do Caminho Iluminativo.

O Primeiro dos Estados de Consciência Místicos

Após uma longa prática destas formas de aspiração, as asas da alma se fortalecem, tornam-se controláveis e aprendem a elevar-se. Dia após dia elas voam em direção ao céu de sua vontade. Dia após dia tornam-se mais espontâneas e naturais, pois a simplicidade da mente e a pureza, isto é, a espontaneidade do coração, significam que toda a natureza está aos poucos orientando-se para uma direção suprema. Assim, porque o olho interno está tornando-se único, todo o corpo reveste-se de luz. Todo aquele que pratica a meditação descobrirá que, à medida que sua prática se aprofunda, ele tende cada vez menos à discursividade da mente e do coração. A mente firma-se, o coração se aprofunda, e um ponto é alcançado, onde se produz um equilíbrio que pode ser mantido indefinidamente. Você já viu alguma vez um pássaro voando bem alto? De repente ele pára de bater as asas e plana com altivez no firmamento. Da mesma forma, na inspiração pode vir um momento em que o pensamento não pode voar mais alto; o amor preencheu o homem por inteiro, e quieta, equilibrada e concentrada, a alma olha, escuta e espera. Simples e doce, esta é a "oração do simples contemplar". Apenas um desejo brilha no coração, apenas um pensamento sustém a mente, e a intuição do espírito desperto fita a escuridão que, em breve, se transformará em Luz. Ela se aprofunda na "oração do silêncio", onde uma resposta, aparentemente oriunda do exterior, desce em glória, ternura e beleza irresistíveis sobre a alma irradiada. A "alma" preparou-se para seu "Senhor" e Por "Ele" esperou, e Ele se inclina e ergue-a nos braços eternos da Bem-aventurança.

Este é o começo do Caminho Unitivo e o primeiro dos estados de consciência místicos.

CAPÍTULO III

O PROCEDIMENTO DA MEDITAÇÃO

Preparação: Remota

Se recordarmos a meta suprema da meditação, compreenderemos que ela é a mais elevada atividade da alma e que não pode ser empreendida acidental e casualmente, sem adequada e contínua preparação. Um grande Quaker* descreveu o processo como uma "relação de amor entre Deus e a alma". Um padre jesuíta diz que é a "elevação da alma a Deus", que cultivamos o sentido de amizade com Deus através de visitas freqüentes, sendo o escopo da meditação trazer-

* Membro de uma seita protestante fundada na Inglaterra, no século XVII, e difundida principalmente nos Estados Unidos, cf. Novo Dicionário da Língua Portuguesa. (N.T.)

nos para mais perto de Deus e ensinar a alma a conversar amorosamente com Ele, pois não se trata de um modo de pedir e sim de um modo de *ser ensinado*. Aprendemos, desta forma, a ser "guiados pelo espírito". Uma ocultista definiu o processo como o "inexprimível anseio do homem interior pelo Infinito".

Isto significa que o verdadeiro sucesso da meditação depende muito da disposição habitual da alma. Uma vida orientada em direção à Meta Suprema, uma vida de recolhimento e devoção, é a grande preparação, pois "nunca podemos estar em oração por mais tempo do que estivermos sem orar".

Durante a meditação, a mente alimenta-se do material acumulado pela vida e pelo pensamento. Portanto, uma disposição habitual em direção ao pensamento profundo e, se possível, uma certa quantidade de estudo paciente são do maior valor como auxílio subconsciente à meditação. A mente compreensiva, o coração ardente provêem o combustível com o qual se acende o altar da meditação.

Em conventos e mosteiros a preparação começa durante a noite. Isto significa que a natureza psíquica carrega consigo através do portal do sono a intenção e o pensamento, voltando pela manhã prontamente sintonizada. Coloquemos para fora de nossos quartos todos os pensamentos maus, áridos e depressivos, adormecendo com os mais elevados e puros pensamentos que conhecemos, concentrando-nos naqueles que amamos puramente, no Mestre a quem aspiramos servir, no Amor Divino em que temos nossa existência. Talvez seja de auxílio manter por perto um pequeno livro onde umas poucas palavras belas abrirão um bonito portal para o sono.

Preparação: Próxima

Com demasiada freqüência não percebemos a necessidade de uma aproximação mais gradual ao zênite da meditação. O esforço produz uma elevação e um avivar da consciência. Isto é respondido por uma vibração mais rápida dos invólucros da consciência e até mesmo dos nervos físicos. Daí o sentimento de choque algumas vezes sentido quando uma porta bate ou alguém grita nas proximidades de quem se encontra absorvido na meditação. Não podemos subir ou descer a Montanha interior de modo muito repentino. É bom começar suavemente, com uns poucos momentos de leitura e pensamento. Retornar também suavemente. Abrir os olhos e permanecer quieto por alguns minutos no encerramento.

Postura e Lugar

A postura e o lugar adotados são auxílios subsidiários, mas não de tal importância que não possam ser dispensados se as circunstâncias os proibirem. Um pequeno canto de um quarto, "repleto de objetos que emanem influências elevadas", e usado habitualmente para meditação, logo se tornará saturado com pensamentos meditativos, conduzindo à sua criação e repetição. Mas se tal lugar gerar observações inadequadas, ou mesmo antagonismo por parte dos outros, é melhor evitá-lo.

A antiga postura oriental é sentar no chão com as pernas cruzadas. Quando executada de forma adequada, é uma posição extraordinariamente confortável, pois a espinha fica livre e o corpo equilibrado sobre os dois ossos pélvicos. A meditação faz com que a corrente do prana circule com vigor. Portanto, é também uma prática fisicamente saudável, e a posição oriental favorece isto. Se, contudo, entre os ocidentais, a rigidez dos músculos trouxer a mais leve dificuldade, a questão da postura não trará grandes implicações. Adote uma posição que permita o esquecimento do corpo. A tensão interna resultante do esforço meditativo muitas vezes traz, em primeiro lugar, o enrijecimento dos nervos físicos. Se isto for observado, pare por um momento e diminua a tensão nervosa. Não meditamos com nossos nervos físicos e devemos aprender a deixá-los em repouso. Um erro comum, no início, é olhar fixamente através das pálpebras fechadas.

A meditação nunca deve ser feita logo após uma refeição pesada. A razão disto é de fácil compreensão. As energias do prana estão se deslocando para o processo da digestão e não podem ser divididas com facilidade. A melhor hora de todas é pela manhã cedo, pois fornece a tônica do dia. Se não houver outra hora disponível, sente-se na cama por dez minutos toda manhã. Se, durante a meditação, uma sensação de peso ou mesmo de dor na cabeça tornar-se evidente, *pare imediatamente*. Isto significa um esforço demasiado das células cerebrais ainda não acostumadas a tanto. Ao invés disso, detenha-se calmamente por certo tempo em um grande pensamento ou ideal. Aqueles acostumados ao álcool irão logo descobrir que isto ocorre, às vezes, durante anos, uma vez que o álcool é muito destrutivo para o desenvolvimento mais refinado das células do cérebro. Espere até que o tempo lentamente remova esta condição.

A meditação não deve ser muito prolongada. De dez minutos a meia hora. Cinco minutos diários têm melhor efeito do que uma hora uma vez por semana, e ela não deve ser praticada entre dez da noite e duas da manhã. A natureza psíquica está peculiarmente aberta a influências externas de toda a sorte, sobretudo durante este período, e a predisposição para a mediunidade poderá então se evidenciar. Mediunidade e meditação são pólos opostos.

O Verdadeiro Procedimento da Meditação: Formação do Caráter

Sentados para meditação, depois do banho se possível, uma vez que o processo meditativo tende a reabsorver as toxinas expelidas do corpo, fechamos nosso olhos, ajudando, desta forma, a barrar as distrações exteriores e a recordar o objeto de nossos esforços interiores. Se, durante a meditação, os sons exteriores atingirem a consciência, não deixe que isto o perturbe de forma alguma. Permita que seus ouvidos respondam, se devem fazê-lo, mas, serenamente, não dê atenção a isso com a consciência. Chegará um tempo em que você não ouvirá.

O objetivo da meditação é, em primeiro lugar, a união com o Supremo, mas além disto há dois outros fins a serem alcançados: a percepção do Mestre e o aperfeiçoamento do caráter.

Suponha que comecemos com a menor das metas. Desejamos desenvolver uma vida mais perfeita para que possamos oferecer ao Mestre e a Deus um caráter que seja cada vez mais um reflexo Deles, receptivo aos Seus propósitos. Isto pode ser feito sistematicamente através de pensamento claro e ação corajosa. A influência formativa do pensamento claro e definido, aliada à ação plena de propósito, é simplesmente incalculável. Por sua ajuda um homem pode logo transformar-se a ponto de estar para além de todo reconhecimento.

Todos nós temos ideais vagos sobre o tipo de pessoa que gostaríamos de ser. Torne este ideal vívido e claro. Pense um dia sobre as características principais de seu caráter ideal e resolva transformar-se nelas. Diga a você mesmo, por exemplo: "para mim o homem ideal deve ser absolutamente digno de confiança. Sua palavra deve ser seu compromisso. Eu exemplifico esta grande qualidade na vida? Para mim o homem ideal nunca resmungaria ou cairia em autopiedade. Ele seria sempre bravo e inegoísta. Serei eu assim?"

Benjamin Franklin, na sua juventude, concebeu doze características principais de um caráter ideal e as praticou durante uma semana a cada vez, alternadamente. Façamos cada um de nós nosso próprio ideal. Pense corajosamente, um dia, em qual é sua falha principal e visualize com clareza a virtude oposta. Suponhamos que nos falte coragem, ou paciência, ou simpatia. Tome uma destas características por um mês, pense sobre ela por uns poucos minutos a cada manhã, tente ver o que ela de fato é, sua necessidade, seu uso, sua amorosidade; como ela brilha na vida de alguém que admiramos. Conceba incidentes imaginários onde haja a probabilidade de você ser testado neste particular e imagine-se agindo de modo ideal. Imagine como o Mestre, o Cristo, o expressaria em cada ação da vida diária. Imagine esta ação ativa e resolva colocá-la em prática você mesmo quando se apresentar uma oportunidade.

No começo você não se lembrará a tempo. Você deve construir novas correntes nervosas naquela direção. Mas um dia, com um admirável senso de poder, você conseguirá. O autodomínio produz equilíbrio e paz.

Aqui estão doze características sugeridas que irão durar um ano. O melhor em todo caso é fazer a nossa própria lista.

Devoção	Contentamento
Firmeza	Paciência
Perseverança	Controle da Palavra
Altruísmo	Coragem
Compaixão, Solidariedade	Discrição
Cortesia	Generosidade

A Aproximação Interna ao Mestre

Com o crescimento da pureza, do equilíbrio e da unidirecionalidade do coração e da mente, tornamo-nos sintonizados com algo daquela Suprema Beleza dos Irmãos Mais Velhos da raça, que brilha sem cessar, pois Eles realizaram a meta da evolução humana e tornaram-se unos com a Vida. O ideal do Mestre é de um poder admirável e irresistível, porque Nele cada homem vê a futura perfeição de si mesmo. O Mestre mostra-nos o quanto Deus é humano, e quanto o homem é Divino.

Embora tão Divino em poder e beleza, o Mestre é ainda um homem, tendo "aceito as aflições do nascimento" por nossa causa, não por Sua causa – Ele que nada mais tem a aprender da vida ou da morte. E por estar sempre lá, em todos os mundos ou planos do ser do homem, Ele sempre pode ser encontrado e contatado. O que quer que pensemos, em qualquer lugar neste Universo, a isto tocamos em consciência no momento do pensamento. Estamos lá, pois o pensamento aniquila o tempo e o espaço. Se pensamos em um amigo, neste lado da vida ou no outro, na verdade estamos com ele enquanto pensamos. Se pensamos no Mestre, um Mestre de Sabedoria, ou no grande Mestre de todos, o Instrutor do mundo, o Senhor Cristo, estamos com Ele em pensamento, "ausentes no corpo e presentes com o Senhor".

À medida que pensamos Nele, aproximamo-nos Dele em imaginação, e algo de sua amorosidade imortal evoca uma resposta emocional. Não podemos compreender ou perceber o mais minúsculo dos vislumbres daquela beleza celestial sem responder com crescente amor e adoração, pois "devemos necessariamente amar o Altíssimo quando o vemos". Portanto, tentemos ver, perceber, e quando nosso coração se mover em resposta, que ele se erga em liberdade em direção à base do nosso Ideal; pois o amor, a adoração e a reverência alçam um homem em poderosas asas à união com o objeto de seu amor. É um mundo onde nenhuma insinceridade é possível. Se o amor ainda não desponta, se a percepção retarda sua chegada, espere com paciência e continue o esforço pela realização e pela compreensão.

Alguns perguntarão: como poderemos imaginar o Mestre uma vez que não sabemos como Ele é? Isto não tem importância, uma vez que a imagem mental que criamos não é o Mestre e, sim, a janela através da qual olhamos para o Infinito e pela qual o Infinito olha de volta para nós. Construa a janela na forma que você quiser, mas que seja sempre a mesma, e olhe através dela, esforçando-se para sentir, para responder à vida adorável que é a do Mestre. Se tivermos fortes poderes de visualização, isto será fácil. Podemos construir na mente a forma do Mestre de modo tão vívido que pareceremos estar diante Dele. Podemos seguir o médoto de Santo Inácio de Loyola: imaginarmos cenas da vida de nosso Senhor, visualizando-nos na multidão que o seguia, e, por fim, deixar tudo para trás, exceto a Figura Central, diante de Quem nos ajoelhamos com o mais profundo amor.

Se não podemos visualizar facilmente, talvez seja mais adequado colocarmo-nos em Sua Presença, mantendo-nos em silêncio junto a Ela, tentando senti-la e responder a Ela. Através desta imagem de Si Mesmo, deste ponto focal criado por nós, o Próprio Mestre enviará sua voz, proporcionando-nos uma percepção ainda mais profunda do que Ele verdadeiramente é.

É bom imaginar nosso amado Mestre sempre da mesma forma. Se tivermos uma imagem Dele, ou uma estátua Sua, fitemo-la com intenção e depois, com os olhos fechados, reproduzamos sua face e sua forma com reverente devoção, colocando-nos em pensamento a Seus pés. Pensemos Nele sempre nas mesmas cercanias, seja em Seu jardim ou em Sua casa, tais como nos foram descritos, ou em uma encosta ou em um riacho, ou ainda em um santuário interno onde cada luz simboliza uma brilhante virtude da alma,

Nele resplandescendo em glória, a qual gostaríamos de adquirir para o Seu serviço.

Ingressando nesta Presença a cada manhã, contemplando esta Amorosidade, começamos a espelhar um pouco de sua beleza, e assim, por contemplação, "somos transformados na mesma imagem, de glória a glória". Para esta Presença também podemos trazer, em pensamento, aqueles que amamos e os que desejamos auxiliar, e Ele, cujo poder é tão mais forte do que o nosso, enviará a eles, através do canal construído por nossa devoção e pensamento, bênção e auxílio.

A Compreensão do Supremo

A beleza do Mestre ajuda-nos a perceber a beleza de Deus. O terceiro passo na meditação é alcançar a Vida Infinita. O método depende, neste caso, em grande parte, de nossa psicologia e treinamento. Pense, de forma mais natural possível, sobre a Vida Divina mais íntima, na qual "vivemos, nos movemos e temos nossa existência". Pense Nela como estando à sua volta e dentro de você, e pense intensamente que você é uno com Ela.

Aqui estão alguns pensamentos que são meios de compreensão da Vida Una:

1. Diga: "Deus é uno, Deus é infinito. Ele está em toda parte e além de tudo". Pense na imensidão do céu, do espaço, e tente sentir Sua imensidão.
2. Diga: "Deus é Verdade. Ele é tudo o que existe. Tudo constitui uma máscara através da qual Ele brilha. Ele vive dentro de mim, a Alma de minha Alma" e imagine-O como uma Chama branca ou violeta situada dentro do coração.
3. Imagine uma luz interior e exterior e diga: "Mais radiante que o Sol, mais puro que a neve, mais sutil que o éter é o Eu, o Espírito dentro do meu coração. Eu sou este Eu. Este Eu sou eu."
4. Diga: "Deus é Pureza, eu estou Nele, eu devo ser puro, Sua Pureza brilha através de meu coração para os corações de todos os demais. Ele é Força, e, portanto, Sua Força está brilhando através de mim para todos os demais. Ele é Serenidade, Compaixão, Alegria, Amor, e assim Ele brilha através de mim para os demais.

Qualquer que seja o método empregado, use-o com concentração e intensidade. Não é necessário usar as palavras exatas. Estas ajudam, principalmente no começo, a concentrar a atenção. Você passará das palavras à idéia, da idéia à atitude da alma que está por detrás, da atitude à Própria Vida. Em todas as formas de meditação, o processo consiste na gradual introspecção desde a periferia até o centro. Pode ser simbolizado assim:

1. Muitos pensamentos expressos verbalmente, alcançando.
2. Imagem, idéia e símbolo internos, alcançando.
3. A resultante atitude "sem forma" da alma, a direção do estudo, alcançando.
4. A Essência viva por trás.

Por isso, sempre que a mente e o coração tiverem se elevado tão longe quanto possível, repletos de energia e intenção positivas, mantenha-se quieto por uns poucos minutos, olhando, escutando, aspirando. Imperceptivelmente crescerá então a consciência de uma Presença, de uma Vida, de Algo com que os poderes despertos da alma estão entrando em contato. O sentir desta Vida extraordinária não constitui percepção sensória. É, antes, um aperceber-se evocado pela atividade nas regiões superiores da emoção e do pensamento. "O Princípio que dá a vida habita em nós e fora de nós; é imortal e eternamente benéfico; não é ouvido, nem visto, nem sentido, mas é percebido pelo homem que deseja a percepção". Mesmo estando acima da percepção sensória, ela pode contudo ser descrita em termos sensoriais, como o Salmista expressou quando disse: "Ó, saboreai e vede que o Senhor é bom".

Devemos então retornar mais uma vez ao pensamento do Mestre, o Homem Divino através de Quem Deus brilha, e sentir ainda mais profundamente Sua imensa unidade. Evocar, então, na memória aqueles que amamos e gostaríamos de auxiliar, atraindo-os ao Esplendor que fulgura ao nosso redor, e por fim imaginando-o a brilhar como o Sol, através de todo o nosso ser para o mundo circundante, abençoando nossos lares e nossa cidade com todo o amor, alegria e paz.

A Descida do Monte Carmelo

Quando você tiver "voltado" e seus olhos estiverem abertos, sente-se em silêncio por um momento e repasse em pensamento sua meditação. Reflita sobre os pensamentos iluminativos que surgiram, fixe-os na mente, considere como são relevantes para nossas vidas individuais. Resolva que eles darão tais e tais frutos. Ofereça essa resolução ao Mestre e ofereça a Ele, também, o dia que inicia. Ao fazer as resoluções evite uma aplicação demasiado geral. Não diga "eu nunca perderei a paciência novamente", mas diga "serei paciente com tal e tal pessoa quando me testarem hoje".

No encerramento de uma meditação é útil fazer uma ou duas inspirações profundas e tranqüilas. Os exercícios de respiração para induzir a estados meditativos não são adequados aos corpos dos ocidentais e podem até representar certo perigo. Em momentos de meditação profunda, a respiração física costuma alterar-se. Isto é natural e previsível, mas não deve nem ser induzida nem prolongada.

Um Esboço da Meditação

É útil possuir algum esquema para seguir durante a meditação. O que segue é uma sugestão.

Começe com a leitura de uma frase, ou duas, de algum livro devocional, como *Aos Pés do Mestre*. Pense sobre o que leu profundamente. Feche o livro, feche os olhos, medite por uns poucos minutos sobre a qualidade de caráter desejada. Passe à contemplação do Mestre e, depois, à tentativa de compreensão da Vida Divina. Retorne ao pensamento do Mestre, vendo aquela Vida brilhando através Dele. Lembre daqueles que gostaríamos de abençoar ou auxiliar. Irradie bênçãos para o mundo.

Se desejada, a meditação pode ser buscada de modo muito produtivo sem o pensamento particularizado sobre qualquer Mestre da Sabedoria.

CAPÍTULO IV

RESULTADOS DA MEDITAÇÃO E OBSTÁCULOS À SUA PRÁTICA EFICAZ

Quando vemos corretamente os resultados da meditação, percebemos de forma clara a necessidade suprema de sua prática constante. Mas devemos olhar na direção certa para a obtenção de resultados. Há dois erros comuns que se costumam cometer.

Dois Erros Comuns

Um é buscar os resultados da meditação primeiramente no desenvolvimento da sensibilidade psíquica. É verdade que a concentração e a aspiração produzem, através do concomitante refinamento e desenvolvimento do corpo psíquico, uma sensibilidade psíquica cada vez maior. Na verdade, é certo que sentido e compreensão tornar-se-ão muito mais delicados quanto aos aspectos subjetivos. Belas visões, cores, sons podem surgir, embora este não seja o caso da maioria, e não devem ser perseguidos. Se surgirem, use-os pela inspiração e iluminação que possam trazer, exatamente da mesma forma como que usamos visões e sons físicos. Mas ver o que está ocorrendo no plano psíquico circundante não é necessariamente mais "espiritual" do que ver o mundo físico. É verdade que seus fenômenos, em ambos os mundos, podem nos ensinar muito, mas durante a meditação pomos de lado os fenômenos e tentamos alcançar a unidade com a Vida que está por trás de todos os fenômenos de qualquer plano. Portanto, devemos sempre olhar de forma penetrante e ir além.

Há uma forma de meditação que podemos sempre praticar com nossos olhos abertos; isto é, nos momentos favoráveis, fitar uma flor, qualquer objeto natural, apreciar sua beleza e tentar sentir a Beleza Imortal que é sua Vida, a qual pode nos falar através desta "aparência". Da mesma forma, podemos nos concentrar em uma forma psíquica, mas o mundo psíquico é um mundo onde podemos nos perder muito facilmente se estivermos sem uma orientação. Nele cada pensamento e impulso tomam forma e corpo. Seguidamente vemos nossa própria condição exteriorizada. Não desejamos permanecer lá! A espiritualização é o crescente sentido de unidade com toda a vida e não tem uma relação obrigatória com qualquer fase do desenvolvimento da forma.

Um outro erro é procurar o resultado da meditação em sentimentos de bem-aventurança e elevação. Estes certamente virão, mas se não surgirem não significará que nossa meditação é infrutífera. Toda sorte de razões, algumas delas físicas, podem ser a causa do porquê de nossa aspiração não ter aparentemente registrado qualquer resposta na consciência física. No Eu superior sempre há uma resposta. É um teste esplêndido de nossa sinceridade, altruísmo e perseverança o fato de continuarmos, apesar da ausência de qualquer sentimento de elevação pessoal. Em grau menor ou maior, todos os aspirantes, até mesmo os grandes santos, conheceram períodos de aridez, "noites escuras da alma". Algumas vezes, pequenos períodos de esterilidade, até mesmo falta de interesse, significam um período de ajustamento para os nervos físicos, não acostumados ao refinamento e à sintonia rápidos os quais lhes foram impostos.

É fato que podemos ter chegado muito perto das realidades internas em nossa meditação sem termos, contudo, consciência disso. Por outro lado, podemos ter experimentado sentimentos muito prazeirosos maculados por um pequeno espírito de autocomplacência e falta de profundidade.

O Verdadeiro Resultado

Os verdadeiros resultados da meditação direcionam-se para um gradual aprofundamento e uma purificação do caráter, pois isto significa o crescimento da alma e seu progressivo contato com a fonte de toda amorosidade interior. Necessitamos deste contato. Muitos de nós deixam-se levar pela roda da atividade incessante, até mesmo para fins humanitários, não tendo ainda aprendido a comungar com a Vida, com Deus, cujos filhos e agentes somos nós. Isto, cedo ou tarde, significará uma falência espiritual do caráter. Até mesmo nosso trabalho externo sofrerá. Neste fato encontramos a causa freqüente de nosso fracasso em levar adiante planos, em apresentar a outros nosso ponto de vista e em colocar princípios em prática. Do que necessitamos em nosso grande trabalho não é maior quantidade de arrebatada atividade, mas uma maior fé, não um serviço mais amplo, mas um poder espiritual mais profundo para fertilizar o trabalho já em andamento. Sem aspiração interior nosso trabalho torna-se estéril e improdutivo. "Deus retira Sua cooperação do homem não-espiritual".

Os resultados da meditação vêm lenta e imperceptivelmente. "O reino de Deus não vem com a observação", mas ele vem. Olhe para trás, depois de seis meses ou um ano, e observe a transformação de todo o ser; ela deveria resultar em ampliação e purificação das perspectivas, uma resposta cada vez mais terna e solidária aos sentimentos e necessidades dos outros, um sentido mais delicado e adorável da Beleza Divina à nossa volta, um crescimento daquilo que William James chamou de o "sentimento" das coisas. Verificar-se-ia até mesmo um incipiente sentimento da eterna Presença Daquele que é Grande, que ama e acompanha tudo o que vive.

Busquemos, portanto, o disciplinamento da vontade, a iluminação da mente e o acender do coração, e conscientizando-nos de que estamos na estrada.

Obstáculos à Prática: Condições Exteriores

Na realidade, nenhuma condição exterior é tão poderosa para prejudicar a meditação quanto o é nossa própria atitude interior. Talvez vivamos em uma família numerosa onde não tenhamos um quarto ou lugar para nós mesmos. Pense em uma hora e um canto onde você possa obter, durante o dia, dez minutos de solidão, um momento em que as crianças tenham saído para a escola, o marido, para o trabalho. As primeiras horas da manhã são repletas de barulho e alvoroço. Se você não puder obter alguns momentos de manhã cedo, faça-o mais tarde, quando a casa estiver calma.

Talvez o marido ou a esposa faça objeção, tornando seu pequeno momento de introspecção em objeto de ridículo. Isto é muito difícil de suportar, mas muitas vezes, a suave e constante persistência conquista respeito. É comum as pessoas nos deixarem fazer aquilo que realmente tencionamos fazer, e elas podem começar a observar a eficácia de nossos atos quando notarem a mudança em nós mesmos.

Talvez soframos de alguma enfermidade corporal. Apenas sentemos, então, algumas vezes, em silêncio, tentando não pensar com muito rigor, mas simplesmente colocando-nos na Presença do Mestre e permanecendo afáveis, atentos, reverentes e contentes.

O Mestre K.H. certa vez escreveu a um aspirante, que se sentia assoberbado pelos deveres diários, uma carta amável e terna:

> "Parece-lhe de pouca importância que o ano passado tenha sido gasto apenas em seus "deveres familiares"? Ora, o que é melhor causa para recompensa, qual melhor disciplina do que a diária e constante realização do dever? Acredite-me, "aluno" meu, o homem e a mulher que são colocados pelo *karma* em meio à benevolência e a simples deveres e sacrifícios irá, através da fiel realização desses, elevar-se à medida mais ampla de dever, sacrifício e caridade para com toda a Humanidade – não há melhor senda em direção à iluminação do que aquela em que você está se esforçando, a conquista diária do eu, o suportar do infortúnio com serena força que se transforma em vantagem Espiritual, posto o bem e o mal não deverem ser medidos por eventos no plano físico ou inferior. Não se sinta desencorajado por sua prática estar abaixo de suas aspirações, contudo, não se contente em admiti-lo, pois você claramente reconhece que sua tendência é muitas vezes em direção à indolência mental e moral com maior inclinação a seguir as correntes da vida do que um curso direto e próprio. Seu progresso espiritual é muito maior do que você sabe ou pode compreender, e você faz bem em acreditar que tal desenvolvimento é em si mais importante do que sua percepção através de sua consciência no plano físico. Não mencionarei agora outros assuntos, uma vez que estas são apenas algumas linhas de reconhecimento solidário de seus esforços, e de sério encorajamento para que você mantenha um espírito calmo e valente em relação aos atuais eventos externos, cultivando espírito de esperança para o futuro, em todos os planos.
>
> ***Verdadeiramente seu,***
> ***K.H."***

Mas os maiores obstáculos estão em nosso próprio coração e na nossa própria mente. Assim, consideremos alguns deles.

Obstáculos: Condições Interiores

Os obstáculos interiores são mil vezes mais sérios. Os principais são em número de quatro: remorso, ansiedade, amor-próprio e orgulho.

O remorso é algumas vezes considerado meritório, mas sua raiz é o amor-próprio. Torturamo-nos com a visão mental do bem que poderíamos ter desfrutado ou feito. Mas ele é para nós mesmos. Se fosse sobre outros que estivéssemos pensando, deveríamos nos erguer e corrigir nosso modo de ser.

A ansiedade é o medo do bem que pode não vir para nós ou para os nossos, ou do assim chamado mal que pode surgir. Enquanto formos torturados pelo medo e pela dúvida, nossos corações não serão felizes e serenos o suficiente para sequer desejarem encontrar nosso bem mais elevado. Adquira uma nobre filosofia de vida. Vá com a corrente da vida, a despeito do que quer que seja que ela possa trazer a nós e àqueles que amamos, sabendo que a vida é Deus e que sempre reserva para nós, em última instância, o bem. W.Q. Judge uma vez escreveu a um aspirante o seguinte: "Olhe para todas as circunstâncias como exatamente *o que você desejava* e, então, isto terá o efeito de um elemento fortalecedor". Há outras palavras na mesma carta que estão plenas de sabedoria. "Dificilmente um homem está pronto para ser um *chela* a menos que seja capaz de suportar tudo *sozinho*, desprovido das influências de outros homens ou eventos. ... Não é sábio estar sempre analisando nossas faltas e fracassos; o arrependimento constitui dispêndio de energia; se nos esforçarmos para usar toda a nossa energia no serviço da Causa, estaremos nos elevando acima de nossas faltas e fracassos, e embora estas possam talvez ocorrer, perderão seu poder de nos tornar infelizes. É claro que devemos encarar nossas faltas e combatê-las, mas nossa força para tal luta aumentará com nossa devoção e altruísmo. (...) As lágrimas pertencem ao "eu" pessoal. Devemos estar tão plenos com o pensamento do Mestre e Seu trabalho, sem em nada atentar para nós mesmos, que permaneceremos repletos de alegria."

O amor-próprio possui muitas formas e é a raiz de muitas características indesejáveis. É a causa da tepidez. Um homem em quem ele seja proeminente estará sempre encontrando desculpas para si mesmo e para os demais, por apatia e negligência. Impede-nos de ver a nós mesmos como realmente somos e nos faz repousar com segurança em uma excelência imaginária, com visões de grandes feitos por vir, mas não de pequenos feitos agora realizados. A vida, o cirurgião celestial, seguidamente arranca este véu de maneiras bem dolorosas.

O orgulho possui uma dupla e curiosa manifestação. Ele se mostra como grande presunção ou excessivo desencorajamento. Alguém em quem mora o orgulho oculto aprecia muito o aplauso, é facilmente desencorajado pelo fracasso, secretamente incomodado pelo sucesso alheio, tornando-se logo ciumento, desconfiado ou magoado. O orgulho é uma barreira à espiritualidade porque sua raiz é o oposto da Vida; é a gigantesca erva daninha da separatividade. Diz *Luz no Caminho*: "Cresce como cresce a flor, inconscientemente, mas ardendo em ânsias de entreabrir sua alma à brisa. Assim é como deves avançar: abrindo a tua alma ao eterno. Mas há de ser o eterno o que deve desenvolver a tua força e a tua beleza, e não o desejo de crescimento. Porque, no primeiro caso, florescerás com a louçania da pureza, e no outro te endurecerás com a avassaladora paixão da importância pessoal."

O desejo, para o eu, é a raiz da agitação. Não podemos extirpar o desejo; ele é nossa vida, portanto, devemos torná-lo mais amplo, mais puro, mais inclusivo. Não tenha posses a não ser aquelas mantidas por todas as almas puras igualmente, por aquele espírito uno de vida que é o nosso verdadeiro eu. Lamentação, desânimo, agitação, tudo isto pode ser curado, disse Patanjali, através:

1. da firme aplicação do princípio.
2. da simpatia pelos outros.
3. do purgamento da auto-indulgência da alma (isto inclui a autopiedade).
4. da fomentação daquilo que é mais querido ao coração (um trabalho, um amigo querido, um Mestre).

Em outra passagem, Patanjali diz: "Por sintonia com os felizes, compaixão pelos que sofrem, deleite com o sagrado, desprezo ao mundano, a natureza psíquica move-se em direção à paz plena de graça."

Auto-Exame

A prática do auto-exame é um antigo elemento concomitante à meditação. Nas instituições monásticas constitui um exercício diário, até mesmo constante. Usada corretamente, é um instrumento de poder e autodesenvolvimento sem precedentes. Usada de maneira errada, pode tornar um homem mórbido e introspectivo. Diária ou semanalmente podemos olhar em retrospectiva para o dia ou a semana que passou, procurando ver como agimos e os motivos que nos levaram a comportar-nos dessa maneira. Se você puder, volte atrás no tempo, indo em pensamento da noite até a manhã. Observemos o efeito de nossos atos na felicidade e bem-estar dos outros. Perguntemos a nós mesmos por que o fizemos. Escrutinemos resolutamente o motivo. Notemos para onde nossos pensamentos se deslocaram e no que permitimos que se detivessem. Recordemos a qualidade de caráter que estamos tentando adquirir e observemos se nos saímos bem naquele dia.

Este processo implicará certo período de silêncio, no mínimo de dez minutos. Sente-se na cama, mas se você estiver muito cansado, ou isto lhe tornar demasiado desperto, tente obter um espaço de tempo um pouco mais cedo durante o dia. Talvez, se não houver outros momentos disponíveis, utilize o tempo gasto no ônibus vindo do trabalho para casa. Mas tente pensar sobre si mesmo de modo impessoal, da mesma forma em que um bom trabalhador olharia para suas ferramentas. Se ele não tem tempo de afiá-las, faz o melhor que pode com elas assim como estão. Se tiver tempo, afia-as para realizar um serviço melhor. Mas ele não pensa que ele é seus instrumentos. Assim, também, nós devemos aperfeiçoar nossos poderes da mente, do coração e do corpo. Um Mestre certa vez escreveu para um discípulo: "Tente pensar sobre você mesmo com a calma de um estranho, sem deixar-se conduzir à ansiedade ou ao suspense".

Quando observar pensamentos, ações e palavras ignóbeis, não se alimente de remorso ou desespero. Viva a situação mais uma vez em pensamento, dessa vez com nobreza, e diga a você mesmo: "É assim que agirei da próxima vez". E depois, se quiser, ofereça a ação corrigida ao Mestre e a Deus.

CAPÍTULO V

ESBOÇOS DE MEDITAÇÃO

Será talvez útil fornecer alguns exemplos das formas sobre as quais pode ser construída a meditação. Com a prática construiremos a nossa própria forma, e talvez ela venha a ser sempre a melhor. Contudo, os exemplos dados aqui foram construídos por gigantes na vida espiritual, e provarão ser de inspiração e iluminação permanentes para nós.

O primeiro exemplo é uma forma desenvolvida e muito usada pelo Reverendíssimo Bispo Wedgwood. Seguidamente ouvi-o ministrá-la à sua congregação na modesta igreja de Huizen. Ela será encontrada mais plenamente desenvolvida em seu pequeno livro *Meditation for Beginners*. Seu propósito central é a gradual retirada da consciência dos invólucros inferiores, compreendendo e usando cada um deles por sua vez, até que alcancemos Aquele que mora no Mais íntimo, o Eu Espiritual interior. Depois, quando tivermos bebido seu néctar celestial e absorvido algo de sua vida, a meditação nos conduz de volta pelo mesmo caminho, desta vez irradiando a cada veículo com a Luz do Ego. Isto não significa que deixemos conscientemente nossos corpos. Com a prática nos tornamos cônscios de qual invólucro da consciência estamos usando especificamente pela fineza e sutileza do grau de vibração e da conseqüente exaltação da consciência.

É um tipo de meditação que nos auxilia sobretudo a perceber o Eu Superior, o "Espírito Santo" no homem.

Meditação sobre os Corpos

Compreenda que você não é o corpo físico e imagine-se vivendo na aura. Imagine isto centrado no coração e estendendo-se firme e radiante para todos os lados a partir daquele centro. (Trabalhe nisto para tornar a aura um todo homogêneo). Pense agora no corpo etérico, imaginando-o cintilar com fogo branco, encrespando-se com o prana que é vitalidade.

A seguir volte-se para o corpo astral, o veículo da emoção. Trabalhe uma vez mais para unificá-lo, preenchendo-o com emoção forte e vívida, de forma a superar as emoções triviais e inferiores que tendem a aderir a ele. Pense em alguém que você ama profundamente e derrame seu amor sobre essa pessoa. Quando você realmente sentir e *for* amor, então substitua-a pelo Mestre. Eleve e refine esse amor, oferecendo-o na essência da pureza ao Mestre em aspiração. (Acostume o corpo astral a sentir emoções grandes e nobres.)

Retire-se agora para o corpo mental, percebendo que o corpo astral é apenas um veículo, e passe para o mundo do pensamento. Continue a pensar na aura mental centrada no coração e inunde-a com a idéia do conhecimento puro, uma aspiração vívida e intensa pela verdade e pela iluminação mental.

Feito isto, imagine-se como o Governante Interno Imortal – o homem real que eclipsa a personalidade e a permeia com sua vida e influência características. Imagine-se tremendamente contente com a "alegria do Senhor", sentindo-se grande e impessoal, livre da separatividade e do egoísmo, uno com aquele Eterno Sacrifício pelo qual o mundo é mantido.

Esforçe-se para realizar os poderes do Ego. Permita-se avançar rapidamente em união com o Amor do Cristo. Conheça a si mesmo como reproduzindo a Onipotência de Deus e anseie por Auto-expressão, poder e amor, com grande intensidade de propósito.

Agora desça através dos três corpos da personalidade, permeando-os e cingindo-os com a qualidade do Ego. Resolva tornar sua vida cada vez mais expansiva, tornando-a em um contínuo centro de bênção e jubilosa força onde quer que você vá.

A forma seguinte foi composta por fonte desconhecida, mas é sem paralelos na pureza cristalina de pensamento e na profundidade de devoção. Seu uso proverá, com maravilhosa intensidade, cura e paz tanto para alma como para o corpo. No início use as palavras exatas, fazendo uma pausa ao final de cada pequena expressão, esforçando-se vividamente para imaginá-la e realizá-la. Posteriormente, se desejado, imagine as idéias em sua dada progressão, detendo-se com a mais elevada intensidade em cada uma delas.

Esta forma constitui basicamente uma meditação sobre o Mestre, aquele aspecto dos três grandes ideais que é o que chamamos de o "Filho".

Invocação para a Meditação

Oh Bondoso Senhor, eu entro em Teu Esplendor e me aproximo de Tua Presença, trazendo comigo o serviço feito em Teu Nome e para Ti. Busco tornar-me um servidor mais eficiente e abro meu coração e minha mente ao poder de Teu Amor, de Tua Alegria e de Tua Paz.

Em Tua Presença, Teu Amor inunda o meu ser – Teu Amor que é suavidade, bondade, prestimosidade. Devo, portanto, ser suave, bom e prestativo para com todos os homens.

Em Tua Presença, Tua Alegria me invade – Alegria que é luz, esplendor e juventude eterna. Devo, portanto, levar Tua Alegria àqueles que estão tristes e deprimidos.

Em Tua Presença, Tua Paz me envolve, tornando-me repleto de contentamento, certeza, tranqüilidade, quietude. Tua Paz que a todos torna compreensivos. Devo, portanto, ser um centro de amor, alegria e paz para o mundo.

Eu coloco minha mão na Tua com todo amor, confiança e fé, pois Tu és na verdade meu Senhor. Do irreal conduze-me ao Real; das trevas conduze-me à Luz; da morte conduze-me à Vida Eterna. Aos Teus Pés e à Luz de Tua Santa Presença, esforço-me para compreender aquilo que sou. Não sou este corpo que pertence ao mundo das sombras; não sou os desejos que o afetam; não sou os pensamentos que preenchem minha mente; não sou a mente em si. *Eu Sou A Chama Divina* dentro do meu coração, eterna, imortal, antiga, sem começo, sem fim; mais radiante do que o Sol em toda a sua glória do meio-dia, mais puro do que a neve, intocado, não maculado pela mão da matéria, mais sutil que o éter é o Espírito dentro de meu coração.

Eu e meu Pai somos Um. Eu Te adoro, eu Te bendigo, Tu, minha vida, meu sopro, meu ser, meu todo. Eu estou em Ti e Tu estás em mim. Conduze-me, Oh Bondoso Senhor, através de Teu Amor ilimitado, à união Contigo e com o Coração do Eterno amor.

Em Teu Amor descanso para sempre.

O terceiro exemplo foi escrito por uma famosa madre-superiora em um convento Carmelita. Ela costumava reunir suas noviças na capela do convento e inicialmente atraía sua atenção para a luz vermelha que ardia continuamente diante do altar como um símbolo do Amor imortal de Deus, e as fazia repetir as palavras usadas na liturgia católica que ocorrem antes do incensamento do sacerdote e da congregação: "Que o Senhor acenda em nós o fogo de Seu Amor e a chama de uma caridade imperecível". Isto era seguido por uma leitura do 13º Capítulo do *Coríntios I*, substituindo a palavra "amor" por "caridade".

A meditação central tem sete pontos, em cada um dos quais a alma voa em imaginação, a crescentes alturas. Ela tem um efeito extraordinariamente ampliador e purificador. A forma original concluía com o pensamento em Deus, o Eterno Amor, mas se for considerado desejável voltar aos pensamentos diários mais gradualmente, um "retorno" opcional foi inserido para este fim. Talvez devamos considerar esta meditação como dirigida basicamente para a compreensão da Vida Divina em tudo, o aspecto "Pai" de Deus.

Meditação sobre o Amor e a Caridade

Pensem na lâmpada vermelha pendurada diante do altar na igreja como um símbolo do sempiterno Amor Divino, e digam: "Que o Senhor acenda em nós o fogo de Seu Amor e a chama de uma caridade imperecível."

Leiam *Coríntios I*, Capítulo XII. A tradução de Moffat é muito bonita neste trecho. Também o pequeno livro de Henry Drummond: *The Greatest Thing in the World.*

A Meditação Central: (tem 7 pontos):

1. A casa e os que nela habitam.
2. A cidade e os que nela habitam.
3. O país e os que nele habitam.
4. O mundo inteiro e os que nele habitam.
5. Outros mundos – o Universo.
6. O céu e as hostes celestiais.
7. Deus – amor Imortal.

1. Elevemo-nos em pensamento acima da casa e contemplemos a todos que estão nela, derramando sobre eles nosso amor e caridade. Não deve haver maus sentimentos em relação a pessoa alguma. Lembremos as pessoas que vêm à casa, ao jardim com seus pássaros, insetos e flores.

2. Não nos deixemos cair; não permitamos que os pensamentos se tornem inferiores. Elevemo-nos bem acima da cidade e olhemos para ela. Façamos com que o nosso amor se derrame, especialmente sobre os ignorantes e infelizes. Lembremo-nos das crianças em toda parte, dos criminosos e dos bêbados, das mulheres das ruas, dos prisionei-

ros nas prisões, dos doentes nos hospitais. Pensemos nos médicos, ministros, juízes, vereadores. Que a Luz Divina os inspire a governar e auxiliar com retidão.

3. Mais alto, Mais alto! Todo o país está abaixo de nós agora. Vejamos os locais de encontro daqueles que aspiram à Realidade em toda parte, as igrejas, as casas legislativas, o Senado. Derramemos amor sobre todos os nossos compatriotas. Não esqueçamos os animais, os desprotegidos animais em toda parte, as árvores e as belas flores. Derramemos nosso amor sobre todos.

4. Mais alto – ainda mais alto! Agora o mundo inteiro está abaixo de nós. As raças brancas, as amarelas, os negros. Amemos todos. Vejamos os marinheiros no mar, os árabes no deserto. Vejamos as linhas da luz viva da fraternidade que flui bem ao redor do mundo. Vejamos reis, presidentes, governos, religiões. Que o Amor Divino os inspire a todos, purifique-os a todos.

5. Agora olhemos em volta e não mais lancemos nossos pensamentos para o que está baixo. Vejamos aqueles outros mundos, planetas, estrelas, constelações, nebulosas. Milhares e milhares que

nenhum homem pode contar, mas porque a Vida Eterna as fez, sabemos que o Amor está irradiando através delas e conosco. Como é vasto o Universo! Como Deus é vasto!

6. Agora olhemos para os mundos invisíveis. Penetremos na luz. Elevemos nossos olhos aos Perfeitos e Os adoremos. Não tenhamos medo. Abençoado é Deus em Seus sagrados anjos, e em Seus santos, a Hierarquia do Amor e da Sabedoria que guia todos os mundos. Pensemos em todos os nossos irmãos que passaram para os mundos invisíveis e os cerquemos com nosso Amor. Pensemos, também, nos anjos, os seres brilhantes, e prestemos a eles jubilosas saudações.

7. O Próprio Eterno Amor.

O Retorno. (Opcional)

6. Voltemos aos mundos invisíveis. Através deles toda a Luz e o Amor de Deus estão brilhando.

5. Ela brilha através de todos os mundos, a hoste estrelada ao nosso redor.

4. Ela brilha através de todo o mundo, a tudo ligando com a corrente dourada do amor e do serviço.

3. Ela brilha através do nosso país, curando cada mal, reforçando cada bom propósito.

2. Ela brilha através de nossa cidade, confortando, elevando e purificando tudo.

1. Ela brilha através de todos nós, tornando-nos um; através de nossas mentes possa Sua verdade nos iluminar; através de nossos corações possa Seu amor nos inspirar; através de nossos corpos e nossa vida cotidiana, preenchendo-nos com vida e alegria, possa Sua força nos sustentar.

A Oração de Recordação de Santa Teresa

A Oração de Santa Teresa está baseada na verdade de que Deus, que está em toda parte, encontra-se de um modo especial dentro de nossa alma, a qual é Sua morada. Consiste em reunir todos os poderes da alma e ingressar neste mundo interior com Deus. Santo Agostinho nos diz que buscou Deus em muitos lugares e finalmente encontrou-O dentro de si mesmo. "Fora busquei a Ti e Tu estavas no meio de meu coração."

Como um escritor católico, o Reverendo E. Hoare, exprime-o: "É da maior importância termos em mente que nosso Senhor está dentro de nós e que devemos estar lá com Ele". A meditação no coração é muito melhor do que o uso demasiado da mente. Imagine um sacrário de luz dourada bem a sua frente, no nível do coração físico. Imagine o Mestre ali, de pé, e ajoelhe-se diante Dele. Ponha-se em sua própria criação mental.

Santa Teresa, em *O Caminho da Perfeição* diz: "Comece fixando esta verdade em sua mente, de que há dentro de você um palácio de esplendor incomparável ... pois nenhum edifício pode ser comparado em beleza e magnificência a uma alma que é pura e repleta de virtudes. Em meio a este palácio mora o grande Rei que aceita ser seu constante convidado, e ele se senta em um trono de valor inestimável, e este trono é o seu próprio coração. Surge, então, a grande questão. Nós, da nossa parte, devemos ter uma plena e resoluta determinação de, sem restrições, ceder a Ele este palácio interior. Ele nunca Se entregará completamente a nós até que nos tenhamos entregue completamente a Ele."

Pense na Vida Divina do Mestre habitando em seu coração, fale com Ele e, se quiser, deixe que sua mente cesse sua atividade por um momento e apenas contemple o Convidado Divino. O Cura D'Ars falou-nos sobre um pobre camponês que passou horas diante do tabernáculo e quando lhe perguntaram o que fazia durante todo aquele período, respondeu: "Ele olha para mim e eu olho para Ele." Aquele pobre homem havia encontrado o segredo da oração.

Transcrevi uma grande quantidade dos parágrafos acima do livro *Hints on Meditation*, do Reverendo E. Hoare.

As Quatro Meditações do Buda

É dito que um dia um monge veio ao Senhor Buda e Lhe pediu que mostrasse a ele o caminho para a Terra Feliz. "Na verdade", disse o Buda, "há um tal paraíso, mas o local é espiritual e acessível somente àqueles que são espirituais".

Disse o discípulo: "Ensina-me, Oh Senhor, as meditações às quais devo devotar-me a fim de deixar minha mente entrar no paraíso da Terra Pura".

O Buda disse: "Há quatro grandes meditações. A primeira é a meditação do amor, na qual você deve de tal forma ajustar o seu coração a ponto de ansiar pelo bem-estar e a prosperidade de todos os seres, incluindo a felicidade de seus inimigos.

"A segunda é a meditação da piedade, na qual você pensa em todos os seres que estão em aflição, representando vividamente em sua imaginação suas dores e ansiedades, de forma a despertar uma profunda compaixão por eles em sua alma.

"A terceira é a meditação da alegria, na qual você pensa na prosperidade dos outros e se regozija com seus regozijos.

"A quarta é a meditação sobre a serenidade, na qual você se eleva acima do amor e do ódio, da tirania e da opressão, das riquezas e das necessidades, considerando seu próprio destino com calma imparcial e perfeita tranqüilidade.

"Um verdadeiro seguidor do Instrutor não baseia sua confiança em austeridades ou rituais, mas, ao abandonar a idéia do eu, confia com todo o seu coração na ilimitada luz Divina da verdade".

Aprender a perder-nos em infinito amor e unidade com tudo o que vive é a tônica de Seu ensinamento. Isto está incorporado nas palavras Daquele que disse:

"Assim como uma mãe, mesmo arriscando sua própria vida, protege seu filho, seu único filho, assim deve um homem cultivar imensurável boa-vontade para com todos os seres. Que um homem permaneça firmemente nesta atitude mental, quer esteja parado ou caminhando, desperto ou dormindo, sofrendo de doença ou desfrutando de boa saúde, vivendo ou morrendo, pois este estado de espírito é o melhor no mundo".

Um Diagrama de Meditação de H. P. Blavatsky

Ditado ao seu Grupo Interno em Londres, 1887-1888.

A Meditação

Primeiro conceba a *Unidade* pela expansão no Espaço e pelo infinito no Tempo. (Seja com ou sem auto-identificação). Depois medite lógica e consistentemente sobre isto, reportando-se a estados de consciência. Então o estado normal de nossa consciência será moldado por:

Três Aquisições

1. Perpétua presença, em imaginação, em todo o Espaço e o Tempo. Disto origina um substrato de memória que não cessa no sonho ou na vigília. Sua manifestação é a coragem. Com a memória da universalidade, todo o pavor desaparece durante os perigos as provações da vida.

2. Uma contínua tentativa de atitude mental frente a tudo o que existe, a qual não é nem atração nem repulsão, tampouco indiferença. Esta será diferente para cada um, em termos de atividade externa, porque em cada um a capacidade se altera.

Mentalmente o mesmo deve ocorrer para todos. Equilíbrio e calma constante. Maior facilidade em praticar as "virtudes" que são, na verdade, o resultado da sabedoria, pois benevolência, simpatia, justiça etc., surgem da identificação intuitiva do indivíduo com os outros, embora não seja percebida pela personalidade.

3. Em todos os seres incorporados, apenas a percepção da Limitação. Crítica sem louvor ou culpa.

Nota: A aquisição é completada pela concepção de "eu sou todo o Espaço e o Tempo". Além disto nada pode ser dito.

Cinco Despojamentos

Constante recusa (compreendendo sua natureza temporária e passageira) de reconhecer a realidade de:

1. Separações e encontros; associação com lugares, épocas e formas; anseios fúteis; expectativas, memórias tristes, desalento.

2. A distinção de amigo e inimigo, resultando na ausência de ira ou preconceito. (Substituídos pelo discernimento).

3. Posses; de onde surgem ganância, egoísmo, ambição.

4. Personalidade; de onde surgem vaidade, remorso.

5. Sensação; de onde surgem glutonia, luxúria etc.

Nota: Estes despojamentos são produzidos pela perpétua imaginação - sem auto-ilusão (não há risco de auto-ilusão se a personalidade é deliberadamente esquecida) - ou o pensamento "eu estou destituído de"; pelo reconhecimento de serem as características nomeadas a fonte de escravidão, ignorância e infortúnio; o "Despojamento" é completado pela meditação "eu sou destituído de atributos".

Nota Geral: Todas as paixões e virtudes entremeiam-se umas com as outras. Portanto o esquema fornece apenas sugestões gerais.

Uma Pequena Meditação para a Expansão e Purificação do Coração

Feche os olhos. Imagine o rosto ou a forma de alguém muito querido. Deixe seu coração brilhar e todo o seu eu dirigir-se a ele. Se quiser, imagine sua atmosfera áurica circundante cintilando com luz rósea e imagine toda a sua aura resplandescendo e expandindo-se. Veja como você pode estendê-la para longe.

Depois, se desejado, substitua o pensamento de seu amigo pelo pensamento do Mestre e deixe seu coração dirigir-se a Ele em reverente adoração e devoção.

Pense nos outros que você ama ou gostaria de ajudar e envolva-os com a esplendorosa luz.

Últimas Palavras

Pode ocorrer que meditações devocionais não sejam atraentes para alguns. Nesse caso persiste a forma mais mental de compreensão e aspiração. Para tais pessoas, um pequeno livro de grandes pensamentos, sobre os quais se pondera por uns poucos momentos de manhã, ou no carro na ida e na vinda da labuta diária, provê um elo com a amorosidade e realidade internas. Tal livro pode ser uma escritura sagrada ou um ensaio de um pensador como Emerson, ou o verso inspirado de um grande poeta. Apenas nos esforcemos a cada dia para buscarmos com a mente e o coração a Realidade e a Amorosidade, pois, certamente, na medida em que as buscarmos, nós as encontraremos, e na medida que amarmos, chegaremos cada vez mais perto de nosso objetivo.

Por mais elevados e raros que sejam os mundos por onde voam nossas almas, devemos sempre relacioná-los com a terra. Buscamos o Céu apenas para vê-lo brilhando através da terra, como de fato ocorre, se apenas pudéssemos presenciá-lo. Depois de uma meditação procure ver algo da glória que você vislumbrou interiormente, florescendo através da vida diária e do mundo. Pois ela está lá e a vida é para todos o maior Instrutor. Medite algumas vezes, com os olhos abertos, sobre uma flor, uma bela cena, um objeto, pois, como nos diz *Luz no Caminho*:

"A própria vida tem a sua linguagem e nunca permanece silenciosa. E esta linguagem não é um grito, como poderias supor tu que não ouves, mas um canto".

Leia Também:

FUNDAMENTOS DA FILOSOFIA ESOTÉRICA
H.P. Blavatsky

Este livro é uma compilação dos escritos de Helena P. Blavatsky, especialmente de *A Doutrina Secreta* e *Isis sem Véu*, visando apresentar os fundamentos do genuíno esoterismo.

A "Filosofia Esotérica" está baseada em princípios os quais o estudante deve assimilar através da reflexão. Contém como apêndice o texto "*A Doutrina Secreta* e seu Estudo", que oferece "chaves" transmitidas pela própria Sra. Blavatsky para o leitor.

EDITORA TEOSÓFICA, S/C

SABEDORIA ANTIGA E VISÃO MODERNA
Shirley Nicholson

Nesta obra, a autora reapresenta os princípios teosóficos fundamentais e sua sintonia com os avanços científicos contemporâneos. Salienta que essas idéias eternas possuem energia e vitalidade capazes de inspirar aquele que as investiga.

O texto é dividido em três tópicos: "O Uno multifacetado", "O Uno em Expansão" e "A Natureza Humana e Sua Jornada", no qual o leitor encontrará reflexões sobre a ligação entre o homem e o Cosmos.

EDITORA TEOSÓFICA, S/C

A CHAVE PARA A TEOSOFIA

H.P. Blavatsky

Esta é uma obra clássica de Blavatsky (tradução da edição original de 1889), onde a autora procura evidenciar a existência de um ensinamento esotérico. Busca-se compreender o que é a Teosofia, os mistérios do Homem, o ciclo da vida e da morte (os estados "post-mortem"), através do estudo de religiões comparadas, filosofia e ciência.

Neste livro, em forma de perguntas e respostas, que é uma introdução ao estudo de *A Doutrina Secreta,* o leitor encontrará um auxílio efetivo para o entendimento da Religião Sabedoria.

EDITORA TEOSÓFICA, S/C

VIVEKA-CHŪDĀMANI

A Jóia Suprema da Sabedoria

Sankarāchārya

Um excelente texto da filosofia *Vedanta Advaita,* de Sankarāchārya, um dos maiores pensadores do Oriente. Sankara e Buda são os dois principais nomes da filosofia da Índia. Nesta obra, são apresentados os princípios fundamentais da *Vedanta,* que é derivada dos *Upanishads.* Há destaque para a identidade entre o Espírito em nós *(Ātman)* e o Ser Universal *(Brahman)* e para uma prática vivencial transformadora. Um tratado para iniciantes e para o estudo avançado.

EDITORA TEOSÓFICA, S/C

O HOMEM, SUA ORIGEM E EVOLUÇÃO

Sri Ram

Este livro é uma investigação sobre o enigma do homem: o que ele é, qual a sua origem e como se processa a evolução. É uma introdução à antropologia teosófica, na qual o homem é visto como o peregrino espiritual em busca de uma maior expressão da sua natureza mais sutil. Sri Ram é um conhecido teósofo da Índia, ex-presidente internacional da Sociedade Teosófica e autor de inúmeros livros, nos quais busca uma maior compreensão das questões da vida.

EDITORA TEOSÓFICA, S/C

A VISÃO ESPIRITUAL DA RELAÇÃO HOMEM & MULHER

Scott Miners

Nesta obra, vários autores apresentam uma abordagem perspicaz do impulso interior que controla o ímpeto sexual humano. Eles escrevem muito francamente acerca das motivações profundas, e às vezes transcendentes, que estão por detrás da atração sexual humana, concentrando-se nas características comuns presentes em diferentes culturas e religiões.

O livro inclui textos de autores tais como J. Krishnamurti *(Sobre o Sexo)*, Viktor Frankl *(A Despersonalização do Sexo)*, Clara Codd *(Um Outro Aspecto do Sexo)*, Hazrat Inayat Khan *(A Paixão)*, Herbert Guenther *(A Polaridade Masculino-Feminino no Pensamento Oriental)*, Renée Weber *(A Escada do Amor de Platão)* entre vários outros.

EDITORA TEOSÓFICA, S/C

PREPARAÇÃO, PARA A *YOGA*

I.K. Taimni

Coletânea de textos do Dr. I.K. Taimni, trazendo uma abordagem introdutória e fidedigna do que é a verdadeira *Yoga*. São indicados os pré-requisitos fundamentais à prática desta Ciência e apresentada uma visão geral da *Raja-Yoga* à luz dos *Sūtras* de Patañjali.

Neste livro, o leitor encontrará as indicações necessárias para iniciar os passos preparatórios no Caminho da *Yoga*.

EDITORA TEOSÓFICA, S/C

MEDITAÇÃO, UM ESTUDO PRÁTICO

Adelaide Gardner

A prática meditativa sempre esteve presente no coração das grandes tradições religiosas da humanidade, na filosofia do Oriente e nas comunidades místicas do Ocidente.

A meditação é a arte de ser. Neste livro, Adelaide Gardner focaliza a naturalidade deste estado de consciência e a grande utilidade que dele pode se obter. É recomendado por sua abordagem acessível – como diretrizes para práticas adequadas.

EDITORA TEOSÓFICA, S/C